KIPPEN

KIPPEN

anatomie • gezondheid • gedrag • de leg • soorten • aanschaf • huisvesting • verzorging

Johannes Paul en William Windham

Veltman Uitgevers

Oorspronkelijke titel:
Keeping Pet Chickens
© 2005 Interpet Publishing Ltd.,
Surrey, Engeland
Ontwerp: Phil Clucas MSIAD
Studiofotografie: Neil Sutherland
Projectmanagement: Consortium,
Poslingford, Suffolk
Illustraties: Martin Reed

Nederlandstalige uitgave:
© 2006 Veltman Uitgevers, Utrecht
Vertaling: Josee Koning/Vitataal
Redactie en productie: Vitataal, Oostum
Opmaak: De ZrlJ, Utrecht
Omslagontwerp: Ton Wienbelt, Den Haag

ISBN 90 5920 444 1
Alle rechten voorbehouden
Voor meer informatie: www.veltman-uitgevers.nl

De auteurs

Johannes Paul (1978) bracht zijn jeugd door op een kleine boerderij in Sussex, waar onder andere varkens, geiten, paarden en kippen werden gehouden. Hij studeerde werktuigbouwkunde aan Brunel University en vormgeving aan het Royal College of Art in Londen. Om het houden van kippen aan te moedigen, zette hij met drie vrienden Omlet op, de producent van de 'eglu'– een modern kippenhok dat geschikt is voor een kleine tuin en het houden van kippen gemakkelijk en leuk maakt.

William Windham (1978) woonde de eerste twintig jaar van zijn leven in Norfolk. Hij studeerde techniek aan Cambridge University en industriële vormgeving aan het Royal College of Art in Londen. Sinds zijn afstuderen maakt hij deel uit van Omlet, het bedrijf dat mensen voorziet van kippenhokken. In zijn dagelijkse werk staan kippen centraal – als hij 's morgens de studio inloopt, struikelt hij al over minstens tien kippen!

De schrijvers en uitgever van dit boek stellen zich niet aansprakelijk voor de uitkomsten van de aanbevelingen in dit boek. Raadpleeg bij twijfel een dierenarts of specialist.

Inhoud

INLEIDING

Een ongewoon en dankbaar huisdier

Kippen zijn vriendelijk, interessant en niet duur in de kost. Ze kunnen in de meeste tuinen worden gehouden in een eenvoudige behuizing. Een haan erbij nemen is niet nodig, iets wat de meeste buren zullen waarderen; uw kippen leggen evengoed wel eieren. Kippen zijn sociale dieren, zodat u er wel twee of meer tegelijk móét houden. Ze zijn niet mensenschuw, stellen geen hoge eisen aan verzorging of aandacht en leveren bovendien heerlijke eieren en volop vermaak.

Kippen zijn er al een hele tijd

De eerste kippen leefden rond 5000 v. Chr. hoog in de bomen van de Zuid-Aziatische jungle en werden Bankivahoen genoemd. Met hun grote klauwen en sterke snavels waren het echte roofdieren. Ook bestaan er aanwijzingen dat er in andere delen van de wereld vroege kippensoorten hebben geleefd. In Zuid-Amerika fokten de arauca-indianen een kippenras dat blauwe eieren legde. De Indianen zagen strikt toe op de raszuiverheid en dit ras wordt nog steeds gefokt.

Toen de internationale handel toenam, werden kippen naar alle windstreken verspreid. Handelaren namen uit verre landen vaak exotische en mooie kippen mee voor hun vrouw of gezin.

Links: u heeft geen landgoed nodig om kippen te houden. Een stel kippen past in vrijwel elke tuin.

Temmen en fokken

De oude Egyptenaren ontwikkelden als eersten de kunstmatige broedtechniek en begonnen massaal leg- en slachtkippen te houden. De oude Grieken hechtten waarde aan de kracht en schoonheid van het haantje, dat een symbool werd voor moed. Ze hielden hanengevechten en offerden hanen aan de goden. De meeste Grieken hielden kippen voor de eieren. Toen eind negentiende eeuw in West-Europese landen hanengevechten werden verboden, nam de belangstelling voor mooie en bijzondere kippen toe en werden tentoonstellingen georganiseerd waar mensen met hun kippen prijzen konden winnen; een traditie die nog altijd bestaat.

Onder: tamme kippen zijn al duizenden jaren favoriete huisdieren.

HANDIGE WEETJES

KONINKLIJKE KIPPEN

De Britse koningin Victoria kreeg een toom Cochins cadeau, een groot kippenras uit China. Dankzij hun gevederde poten zien Cochins eruit alsof ze een broek aanhebben. Toen mensen deze kippensoort voor het eerst zagen, waren ze meteen onder de indruk van zijn enorme omvang.

KIPPEN ZIJN OVERAL!

Foghorn Leghorn, de kip uit Looney Tunes, en de tekenfilm Chicken Run, waarin de tot slacht gedoemde kippen van pluimveebedrijf Tweedy hun ontsnapping beramen, zijn maar enkele voorbeelden van de populariteit van kippen. Ook onze taal zit vol verwijzingen naar kippen en hanen, zoals 'haantje de voorste zijn', 'een kip zonder kop', 'met de kippen op stok gaan' en 'er als de kippen bij zijn'.

KRIELKLETS

Zowel kleine aardappeltjes als kleine kippenrassen worden 'krieltjes' genoemd. Volgens de Van Dale slaat het woord op 'wat klein is'. Maar er is nóg een vermoedelijke verklaring voor 'krielkip': het zou zijn afgeleid van 'krielen', ofwel 'krioelen'. Als je krielkippen door de tuin ziet scharrelen, klinkt dat zo gek nog niet...

ANATOMIE

De kop

Vergeleken met veel andere vogels heeft een kip een vreemd uitziende kop. De vlezige kam bovenop is er in veel verschillende vormen, van grote en omvallende 'enkele' kammen tot zogeheten erwtkammen, die uit drie delen bestaan. Zowel de kam als het kleinere vlezige uitgroeisel onder de snavel, de kinlel, wordt iets groter en roder zodra de kip eieren begint te leggen. Dankzij haar scherpe bijziende blik kan een kip met verbluffende precisie maïskorrels oppikken, maar erop kauwen kan ze niet, want ze heeft geen tanden. Als u goed naar de snavel kijkt, ontdekt u aan de bovenkant twee neusgaten.

Links: kippen hebben een zeer sterk ontwikkeld gezichtsvermogen; hun blik is scherper dan die van de mens.

Kamhiel
Kampunte
Oog
Kam
Oor
Neusg
Oorlellen
Snavel
Kinlellen
Staart
Zadel
Kleine slagpennen
Dekveren
Halsbehang
Nekveren
Borst
Zadelbehang
Cloaca
Grote slagpennen
Dons
Schubben
Dijen
Loopbeen
Teennagel

De veren die een volwassen kip bedekken, maken ongeveer 5% van het lichaamsgewicht uit.

De lichaamsdelen van een kip worden met speciale benamingen aangeduid. Probeer daarom de begrippen bij deze foto te onthouden.

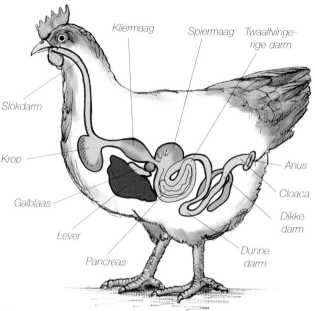

Kliermaag — Spiermaag — Twaalfvinge-rige darm

Slokdarm

Krop

Galblaas

Lever

Pancreas

Anus

Cloaca

Dikke darm

Dunne darm

Spijsvertering

Voedsel wordt met behulp van een puntig tongetje de slok-darm in gestuurd. De eerste halteplaats is de krop, een buidel in de slokdarm waar voedsel wordt bewaard en geweekt. Als u uw kip 's avonds oppakt, kunt u voor op de borst een bobbel voelen ter grootte van een golfbal. Dan zit de krop vol met wat de kip die dag heeft opgepikt. Het zachte voedsel schuift via de kliermaag, waar maagzuur en enzymen worden toege-voegd, naar de spiermaag. Hier wordt het voedsel ver-malen met behulp van onverteerbare steentjes en kippengrit die de kip heeft ingeslikt. De rest van het spijsverteringsproces vindt plaats in de dikke en dunne darm. Hier worden alle voedingsstoffen en vocht opgenomen. Ten slotte wordt het restmateri-aal uitgescheiden (rechts).

BASISANATOMIE

De poten

Kippen kunnen niet erg goed vliegen. De kleinere soorten komen met veel gefladder nog wel een flink stuk van de grond, maar zwaardere kippen lukt dat niet of nauwelijks. De vleugels bestaan uit diverse soorten veren, met aan de voorkant de grote slagpennen. De meeste kippen kunnen ondanks hun bescheiden vliegprestaties wel erg hard lopen. Sommige soorten hebben veren op hun poten, maar bij de meeste zijn de poten bedekt met schubben, die een goede bescherming bieden bij hun drukke graafwerkzaamheden. Onder aan de poot zitten tenen, met nagels die ze kort houden door in de grond te wroeten.

Loopbee

Teennagel   Schubben

Boven: de schubben op de loopbenen bestaan uit speciale huidcellen; bij warm weer houdt een verhoogde doorbloeding in de poten de kippen koel.

Rechts: veren zijn belangrijk voor de warmte-isolatie van kippen en bij het vliegen. Hoewel kippen geen hoogvliegers zijn, kunnen ze in de meeste gevallen een korte afstand afleggen door met hun vleugels te fladderen. Daarom moet u er bij een buitenren op letten dat ze niet kunnen ontsnappen.

Kleine slagpennen (18)

Grote slagpennen (10)

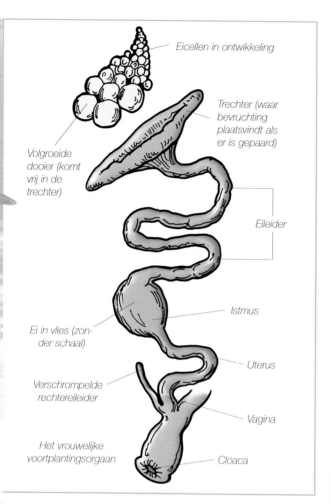

Eicellen in ontwikkeling

Trechter (waar bevruchting plaatsvindt als er is gepaard)

Volgroeide dooier (komt vrij in de trechter)

Eileider

Istmus

Ei in vlies (zonder schaal)

Uterus

Verschrompelde rechtereileider

Vagina

Het vrouwelijke voortplantingsorgaan

Cloaca

Hoe wordt een ei gemaakt?

Het lichaam van een kip bevat tal van kleine onontwikkelde eicellen die langzaam uitgroeien tot de grootte die wij herkennen als eidooier. Als een dooier groot genoeg is, komt hij los van de eierstok. Hij legt de weg af door dat deel van de eileider waar laagjes eiwit rondom de dooier worden afgezet. Vervolgens worden in de istmus dunne vlieslaagjes om het eiwit gevormd, waarna het ei-n-wording doorschuift naar de uterus, waar de schaal wordt gevormd. In de laatste stadia worden de kleur en een beschermend laagje, de cuticula, toegevoegd. Van begin tot eind duurt het hele proces ongeveer 25 uur.

ZUIVERE RASSEN

Verschillende soorten kippen

Kippen zijn er in honderden soorten. Ze worden meestal naar ras ingedeeld. Binnen een ras kunnen verschillende variëteiten bestaan, die zich onderscheiden door middel van tekening of kleur. Zuivere rassen zijn kippen van één ras dat wordt erkend door de officiële landelijke organisaties die de standaarden en regelgeving met betrekking tot pluimvee controleren. Bij standaardrassen gaat het om de bekende middelgrote tot grote kippen. Krielkippen (zie blz. 22-25) zijn kleiner en lichter. Naast zuivere rassen zijn er commerciële hybriden (zie blz. 18-21), waarbij twee rassen zijn gekruist om een nieuwe soort te ontwikkelen die meer eieren legt of vleziger is dan zuivere rassen. Hybriden zien er misschien niet zo mooi uit als zuivere, puur decoratieve rassen, maar ze zijn betrouwbaar, productief en zeer geschikt om in uw achtertuin te houden.

Barnevelder

De Barnevelder is een puur Hollandse raskip. Aan het begin van de 20e eeuw was het dorp Barneveld het centrum van de Nederlandse eierproductie. De Barnevelder is een goedgebouwde kip met heldere oranje ogen en uitgesproken gele poten en snavel. Haar stevige, brede lijf is bedekt met een kleed van 'dubbelgezoomde' roodbruine en groenzwarte veren. De Barnevelder moet kunnen beschikken over voldoende bewegingsruimte om in conditie te blijven, anders wordt ze lui. Maar normaliter leidt ze een actief leven en legt ze zo'n tweehonderd bruine eieren per jaar.

Boven: de 'dubbelgezoomde' Barnevelder heeft een subtiele pluimage met afwisselend donkere groenzwarte en diep roodbruine veren.

Links: de enkele kam is meestal vrij klein; de oorlellen zijn rood.

Marans

De Tarwe Marans (zie foto) wordt gekenmerkt door haar prachtige honingkleurige veren, elegantie en statige houding. Als u haar regelmatig optilt, wordt ze heel tam en als ze het vermoeden heeft dat u met iets lekkers de keuken uit komt, rent ze de tuin al door. Tarwe is slechts een van de kleurslagen van het Franse kippenras Marans. Andere zijn goudkoekoek en koper-zwart. De Marans legt het hele jaar door; u kunt rekenen op zo'n tweehonderd grote kastanjebruine eieren. Haar grote, zachte veren maken haar een uitstekende broedkip en ze is een goede moeder.

HANDIGE WEETJES

ENORME VARIATIE

Als u voor het eerst kippen gaat houden en denkt dat alle kippen er zo'n beetje hetzelfde uitzien, moet u nog maar eens goed kijken. Er is een verbluffend palet van kleuren, variëteiten en soorten veren.

ZUIVERE RASSEN

Rhode Island Red

De Rhode Island Red is de bekende bruine legkip
die overal ter wereld op boerderijen te vinden is. Ze
zag begin negentiende eeuw het levenslicht in Little
Compton, in de Amerikaanse staat Rhode Island.
Deze levendige en sterke kip kan 260 eieren per
jaar leggen, meer dan welke andere raskip ook,
en om die reden vormt ze de basis voor tal van
hybride soorten die nu populair zijn als legkip
in de bio-industrie.
Deze kip kan zich
ook in de ach-
tertuin goed
handhaven,
maar is vooral
in haar element
als ze voldoende
ruimte krijgt. In 1954
werd deze kip door
Rhode Island geadop-
teerd als de officiële staats-
vogel.

*Rechts: het opvallende glanzende
verenpak van de Rhode Island
Red heeft een kastanjerode tint.*

*Links: dit zijn gemakkelijke
en sterke vogels die u
goed in uw achtertuin
kunt houden.*

Light Sussex

De Light Sussex is een graag geziene gast op tentoonstellingen en dat is niet zo vreemd, gezien haar zwart-witte tekening en zwarte staart. Als het om aantallen eieren gaat, is van alle raskippen alleen de Rhode Island Red een echte concurrente: de Sussex legt er ook een kleine 260 per jaar. Deze eieren zijn crèmekleurig tot lichtbruin. De makke Sussexkip – er zijn verschillende kleurslagen, waaronder bruin, wit, roodporselein, roodcolumbia en (buff)columbia – voelt zich kiplekker in een stadstuin. Er is ook een krielvariant die er net zo mooi uitziet, maar kleinere eieren legt.

Opvallend zijn de kam en kinlellen, evenals de lichtgekleurde poten.

Rechts: de combinatie van witte borst en rugveren, zwart halsbehang en zwarte staartveren geeft le Light Sussexhennen een opvallend uiterlijk. Ze worden wel snel vies als ze bij nat weer buiten worden gehouden.

HANDIGE WEETJES

INFORMATIEBRONNEN
In de bibliotheek vindt u ongetwijfeld boeken over raskippen – wereldwijd zijn er zeker 150 verschillende rassen, dus keus genoeg. Veel rassen hebben een eigen fokvereniging, de 'speciaalclubs', vaak met eigen website. Als u belt of mailt, vertellen ze u waar u goede en gezonde kippen van het desbetreffende ras kunt kopen.

NIET ZO PRODUCTIEF
Als u in uw tuin slechts plaats heeft voor een paar kippen, maar toch graag elke dag een vers eitje wilt, onthoud dan dat veel raskippen voor de sier gefokt zijn. Dat betekent dat ze er fraai uitzien, maar zich amper bezighouden met eieren leggen.

DUBBELFUNCTIE
Sommige rassen, zoals de Rhode Island Red, zijn zowel goede leg- als vleeskippen.

ZUIVERE RASSEN

Orpington

Hun volle en donsachtige bevedering maakt Orpingtons voor veel
mensen onweerstaanbaar. Ze zijn
mak en kunnen met hun kleine
vleugels niet goed vliegen. Reken
echter niet op veel eieren, want de
rijkdom aan veren gaat ten koste van de
rijkdom aan eieren. Orpingtons zijn wel goede kloeken en worden in het
voorjaar en 's zomers regelmatig broeds. Als er geen bevruchte
eieren uit te broeden zijn, kan dit vervelend zijn, want dan komt
ze letterlijk haar nest niet uit. Orpingtons houden van een
droge behuizing en veel grasland. Als ze de kans krijgen,
eten ze te veel en worden ze lui en vet!

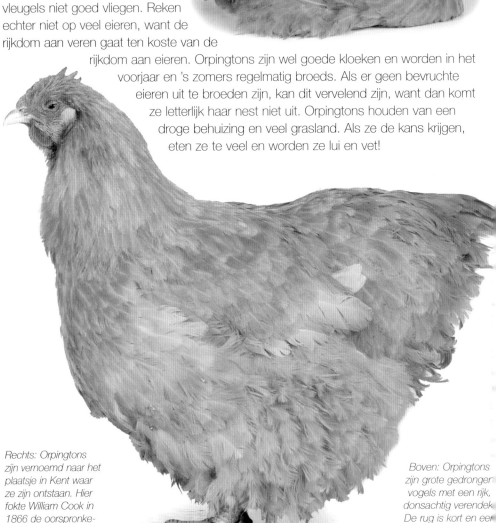

*Rechts: Orpingtons
zijn vernoemd naar het
plaatsje in Kent waar
ze zijn ontstaan. Hier
fokte William Cook in
1866 de oorspronke-
lijke, zwarte variëteit.*

*Boven: Orpingtons
zijn grote gedrongen
vogels met een rijk,
donsachtig verendek.
De rug is kort en een
tikje hol.*

*Onder: Welsumers zijn een sterk en aan-
trekkelijk ras dat gedijt bij een vrije uitloop.
Hun vleugelveren zijn zwart-rood, hun
borst is kastanjerood. Er zijn ook
Welsumerkrielen.*

MOOIE VEREN
*De rijke beve-
dering van de
Orpington is het
resultaat van selectieve
kruising in de negen-
tiende eeuw. Behalve
buff-kleurige (zie blz. 16)
zijn er zwarte, blauwe en
witte variëteiten.*

BLOEMPOTEIEREN
*Welsumers zijn vooral geliefd
om hun donkerbruine eieren,
die wel worden omschreven
als 'bloempotkleurig'. Ze ver-
tonen spikkelpatronen en
lijken soms reliëf te
hebben.*

Welsumer

Sommige kippen worden gefokt
om hun veren, andere om
hun gewicht en
weer andere om
de kleur van hun eieren.
De Welsumer is ontstaan uit kruisingen tussen
diverse rassen, zoals de Patrijs Cochin, Barnevelder, Rhode Island Red en Patrijs Leghorn. Dit
leverde een zeer mooi terracottakleurig ei op en een erg
aantrekkelijk gekleurde bevedering. De Welsumer, afkom-
stig uit het Nederlandse dorp Welsum, is een populaire
kip die met plezier in achtertuinen rondscharrelt. Ze legt
zo'n tweehonderd eieren per jaar.

*Rechts: de nekveren van de Welsumerhen hebben
een prachtige glans en een streeppatroon dat de
hanen niet hebben. De kam is vrij klein en stevig. De
oorlellen zijn rood en de loopbenen geel. Welsumers
zijn rustige, gezellige kippen.*

HYBRIDEN

Meer eieren

Hoewel de zuivere rassen er met hun verenpak en kammen prachtig uitzien, gaat hun uiterlijk vaak ten koste van hun prestaties. Een kruising tussen twee of meer raskippen kan een kip opleveren die er niet alleen fraai uitziet maar bovendien veel eieren legt. Deze kippen, zogenaamde hybriden, scharrelen overal ter wereld op boerderijen rond. Door de jaren heen zijn er

Rechts: hybriden zijn commercieel gefokt op ei- en/of vleesproducerend vermogen. Ze zijn vriendelijke huisdieren en daardoor populair als eerste toom.

hybriden gefokt die zo vriendelijk van aard zijn en zo regelmatig leggen dat ze ook voor de beginneling zeer goed te houden zijn. Fokkers geven hybriden vaak een aparte naam. Daarom is het verstandig te vragen naar de specifieke kenmerken van de kip die u op het oog heeft.

Kruisingen met Rhode Island Red

Er zijn veel hybriden om uit te kiezen. De
meeste leggen zo'n driehonderd eieren
per jaar. Vaak gaat het om een
kruising tussen een Rhode
Island Red, een donker-
bruine raskip die zo'n
250 eieren per jaar legt,
met bijvoorbeeld de
Light Sussex, Marans
en Plymouth Rock.
Hieruit zijn hybriden
ontstaan met diverse kleuren veren en
die bijna elke dag een ei leggen. Ook wat betreft
de kleur van het ei is er volop keuze. Een kruising
met een Marans levert een zacht kastanjebruin ei
op. De tijd die u aan de kippen besteedt, wordt al
snel beloond: ze worden
opmerkelijk tam en ver-
trouwelijk met mensen.

Engelse Leghorn

Behalve dat ze veel
eieren leggen, heb-
ben hybriden nog
veel andere goede
eigenschappen. De
Engelse Leghorn
(rechts) ziet er
prachtig uit. Haar
grote en slappe rode kam
dankt ze aan haar voorouders.
Ze legt hagelwitte eieren bij de
vleet, maar went veel langzamer aan
contact met mensen. Wel is het grappig om
haar de tuin door te zien sprinten alsof ze in een
tekenfilm figureert!

HYBRIDEN

Black Rock

De Black Rock is in Amerika gefokt en geldt als een van de succesvolste hybriden. De kruising tussen speciaal geselecteerde variëteiten van Rhode Island Red-hanen en Plymouth Rock-hennen heeft vriendelijke hoenders opgeleverd die zich rustig laten oppakken en uitermate productief zijn. Als ze goed worden verzorgd, leggen ze wel 320 eieren per jaar. Ze zitten dik in de veren, kunnen tegen een spatje water en kunnen goed met mensen overweg – zo goed zelfs dat ze, als ze de kans krijgen, hun baasje tot in de keuken volgen.

Onder: een kruising tussen een Rhode Island Red en een Marans met de kleurslag koekoek levert een makke kip op die bruine eieren legt.

Boven: Black Rocks zijn uitermate geschikt als scharrelkip. Ze zijn resistent tegen parasieten, gezond en sterk.

Rechts: stabiel en elegant, een goede allround kip.

Gespikkelde kip

Gespikkelde kippen zijn zeer aantrekkelijke hybriden (een kruising tussen Rhode Island Red en Marans) die prima in de tuin te houden zijn. Ze hebben witte poten, donkergrijs met witte veren en een flinke kam en kinlellen. Ze leggen zo'n 250 eieren per jaar en de donkerbruine eikleur danken ze aan hun Maransmoeder. Ze lijken sterk op de zuivere Marans en hebben veel kenmerken met deze kip gemeen: ze zijn actief, sierlijk en evenwichtig. Ook zijn ze flink uit de kluiten gewassen en vergeleken met andere kippen stevige eters.

HANDIGE WEETJES

MINDER DUUR
Hybriden zijn doorgaans goedkoper dan raskippen. Hybriden zijn te koop vanaf € 7,00 en raskippen vanaf € 12,00.

HANEN
Veel fokkers proberen een trio te verkopen, bestaande uit twee hennen en een haan. Als kippen per paar worden aangeboden, gaat het meestal om een haan en een hen. Onthoud dat 60% van een nest uit haantjes bestaat en dat u niet meer dan één haan bij uw kippen moet houden, anders gaan ze vechten.

SEKSEN OP KLEUR
Soms leest u in advertenties dat kuikens behalve geënt ook gesekst zijn. Dit betekent dat is vastgesteld of het om haantjes of hennetjes gaat. Aan de hand van bijvoorbeeld kleur of bevedering kan men al bij eendagskuikens de sekse vaststellen.

Rechts: deze gespikkelde kruising tussen een Marans en een Rhode Island Red kan tot 250 donkerbruine eieren per jaar leggen.

KRIELKIPPEN

Krielkippen bieden voordelen

Als u een kleine tuin heeft, zijn krielkippen een uitstekende keuze, want deze kleinere kippen kunnen toe met een kleinere behuizing dan grote kippen. Een aantal krielkippen is gefokt als kleine variant op standaardrassen, maar de 'echte krielen' hebben geen grote varianten – ze zijn van nature klein. Afhankelijk van het ras zijn ze soms niet groter dan een duif. Dankzij hun geringe gewicht kunnen ze vaak erg goed vliegen. Veel krielsoorten zijn goede kloeken, maar als u ze niet wilt fokken, kan hun broedsheid lastig zijn. Ze zijn dan namelijk wekenlang van de leg.

Boven: kenmerkend voor Cochinkrielen is het overvloedige verendek dat op hun dijen groeit. Deze kriel is buff-kleurig.

Cochinkriel

Dankzij hun uiterlijk, lieve karakter en geringe formaat zijn Cochinkrielen zeer geliefd als hobbykip. Ze zijn in verschillende kleurslagen gefokt, zoals zwart, buff, parelgrijs, blauw, wit, goudwitgezoomd, patrijs en koekoek (gestreept). Ze hebben lange, zachte veren die tot op hun poten groeien, wat een komisch gezicht is. Veel eieren leggen ze niet, zo'n zestig per jaar. Ze zijn uitermate geschikt voor kleine tuinen.

Onder: de hoge staart en korte poten zijn kenmerkend voor de Chabo, een zeer oud ras.

ZEEWAARDIGE KIPPEN

Cochinkrielen zijn vanuit China naar Europa gebracht na de verwoesting van het Zomerpaleis (1860) door het Franse en Engelse leger.
Hoewel men eerst dacht dat het om een krielvariant van de Cochin ging, weet men nu dat dit een oorspronkelijk dwergras is.

EXOTISCHE NAAM

Er zijn veel namen voor Chabo's. Een daarvan is Japanse Bantams. Het woord 'bantam', Engels voor 'krielkip', is vernoemd naar Bantam, een dorp op Java van waaruit veel krielkippen naar Engeland werden verscheept.

Chabo

Kippen komen uit het Verre Oosten en de Japanners fokken al eeuwenlang kippen met bijzondere eigenschappen. Het opvallendste aan de Chabo is de hoge, rechtopstaande staart. Is deze bij hennetjes al opmerkelijk, bij de haantjes is hij werkelijk spectaculair. Chabo's hebben heel korte poten en hebben het liefst droog en kort gras. Los daarvan zijn ze gemakkelijk te verzorgen. Dit is een oorspronkelijk krielras, waar geen grote variant van bestaat.

KRIELKIPPEN

Hollandse kuifkriel

Oorspronkelijk komt dit sierras uit Italië, waar het wordt gewaardeerd om zijn woeste bevedering, maar het is in Nederland vervolmaakt. Er zijn acht erkende variëteiten, waarvan sommige behalve een rock-'n-rollkapsel ook een forse baard dragen (baardkuifkrielen). Ze zijn erg gewild omdat ze goede legkippen zijn en zich gemakkelijk laten optillen, maar dat kan ook te maken hebben met het feit dat ze niets of niemand zien aankomen! Deze kippen zijn moeilijk te houden. Wees alert op luizen en mijten in de kuif.

Zilverzwart- en geelwitgezoomd.

Rechts: de kuif van de kuifkriel moet zo groot en bol mogelijk zijn; de kam zit eronder verborgen.

Maranskriel

De Marans komt oorspronkelijk uit Frankrijk. Haar eieren hebben een prachtige donkere kastanjebruine tint. De krielvariant van het ras legt bijzonder goed, zelfs beter dan haar 'grote zus' (zie blz. 13), die graag en veel eet en neigt naar luiheid. De krielen zijn mooi, sterk en heel kwiek.

Boven: de Maranskriel is geen 'oorspronkelijke' kriel, maar een miniatuuruitvoering van een standaardras.

ALLEEN VROUWEN
Omdat de meeste krielkippen niet veel eieren leggen en niet groot genoeg zijn om op te eten, worden ze van oudsher gehouden als hobbykippen. Lange tijd dacht men zelfs dat alleen vrouwen voor ze konden zorgen.

FIJN MAAR KLEIN
Krielkippen leggen eieren die maar half zo groot zijn als 'gewone' eieren. Hoewel de kippen om hun decoratieve eigenschappen worden gewaardeerd, is hun bijdrage aan de voorraadkast maar bescheiden.

TRADITIONELE KIPPEN-HOKKEN

Het ontwerp is belangrijk

Kippen stellen geen hoge eisen aan hun behuizing, omdat ze het grootste deel van de dag buiten doorbrengen. In het hok leggen ze eieren, slapen ze of schuilen ze bij slecht weer. U kunt zelf een hok bouwen met materialen die bij bouwmarkten te koop zijn, of een kant-en-klaar hok kopen. Die laatste zijn meestal van hout en doorgaans voorzien van een aangebouwde ren. De minimale vereisten zijn een stok waarop de kippen slapen, een legnest en bescherming tegen roofdieren. Bij het bouwen of kopen van een hok moet u niet alleen rekening houden met het aantal kippen dat u wilt houden, maar ook met reinigingsgemak en verplaatsbaarheid.

Rechts: als u meer dan 2 of 3 kippen wilt houden, zijn er grotere hokken te koop. Deze ontwerpen zijn geschikt voor 6 à 10 kippen (onder) of maximaal 15 (boven).

Boven: eenvoudige houten hokken moeten een veilige deur hebben die afgesloten kan worden als de kippen op stok gaan. Kippen zijn geliefd bij vossen en andere roofdieren.

Veiligheid

Het hok moet worden beveiligd tegen allerlei 'rovers', zoals vossen, dassen en ratten. Zorg ervoor dat er geen gaten en kieren zijn waar deze dieren door naar binnen kunnen. Op de deur waardoor de kippen naar binnen en buiten lopen, moet een goed slot zitten, want een hard-nekkig beest als de vos kan leren hoe hij een eenvoudig palletje kan overhalen. Ook een apart deurtje bij het leg-nest moet goed afgesloten kunnen worden.

HANDIGE WEETJES

GOED VENTILEREN

Het kippenhok moet tochtvrij zijn, want kippen houden niet van wind. Wel moeten boven in het kippenhok ventilatie-gaatjes worden aangebracht. Door goed te ventileren voor-komt u een hoge concentratie van de ammoniak uit hun uitwerpselen.

VERPLAATSEN

Kleinere hokken hebben vaak handvatten en grotere meestal wieltjes, zodat u ze gemakke-lijk kunt verplaatsen. Een groot voordeel biedt een afneem-baar dak: op deze manier kunt u het hok heel gemakkelijk vanbinnen schoonmaken.

Boven: dankzij handvatten en wieltjes is dit hok makkelijk te verplaatsen.

MAAK HET ÚW HOK

Leuk een kippenhok op door het in uw lievelingskleur te verven, de namen van uw kippen erop te schrijven of er klimplanten tegen te laten groeien, zodat het één wordt met uw tuin.

TRADITIONELE KIPPENHOKKEN

De stok

De liefst rechthoekige zitstok moet 25 à 35 mm dik zijn, zodat kippen er goed met hun tenen omheen kunnen, en afgeronde hoeken hebben. Plaats de stok achter in het hok. Als er meer stokken zijn, moeten ze op gelijke hoogte hangen en niet te hoog, zodat kippen zich niet bezeren als ze er afspringen. Sommige grote en zware kippen slapen liever op de grond dan op stok. Kippen werpen de helft van hun ontlasting 's nachts uit. Plaats daarom een uitneembare plank onder de stok(ken), dan kunt u het nachthok beter schoonhouden.

Nachthok en legnest

De toegang is beveiligd met een schuifdeur

Overdekte ren

Boven en links: er is een grote variatie aan hokken op de markt. Meestal gaat het om een traditioneel, dicht kippenhok met aangebouwde ren. Kippen kunnen door een deur aan de voorkant van het hok de ren in en uit.

Legnesten

Een kippenhok moet minstens één legnest per vier kippen hebben, aangezien kippen om de beurt eieren leggen. Het legnest kan in of aan het hok zijn aangebracht. U kunt het vullen met stro, houtmot of papiersnippers. Gebruik geen hooi, want dat kan een schimmel veroorzaken die de kippen ziek maakt. Als er aan de zijkant van het kippenhok een deurtje of luik bij het legnest zit, wordt het een stuk gemakkelijker om eieren te rapen.

HANDIGE WEETJES

Links: dit hok kan tot 24 legkippen huisvesten.
1 Dak van legnestkast
2 Schuifdeur
3 Schuifwand (uitneembaar voor het schoonmaken)
4 Uitneembare rijen zitstokken
5 Uitgebouwde legnesten
6 Scheiding tussen legnesten

SCHOON SCHIP
Behandel uw houten kippenhok eens per jaar met een milieuveilige buitenbeits. Zo blijft het hok mooi en voorkomt u dat het verweert en gaat rotten. Houd uw kippen tijdens het beitsen uit de buurt en laat het hok goed drogen.

Boven: het weghalen van mest uit het kippenhok is een vervelend maar noodzakelijk karweitje.

HOUD HET SCHOON
Kies indien mogelijk voor een kippenhok dat u uit elkaar kunt halen, zodat u het regelmatig schoon kunt maken. In de barsten aan de uiteinden van zitstokken verzamelen zich mijten. Als u de stokken niet los kunt halen, is het moeilijk ze goed te reinigen.

HET 21E-EEUWSE KIPPENHOK

De innovatieve eglu

Dit splinternieuwe hok is ontworpen voor degenen die voor
het eerst kippen houden. Het biedt alles wat twee kippen
nodig hebben om te slapen en eieren te leggen. In de
eglu bevinden zich het nestgedeelte en het zit/slaapge-
deelte. Kippen slapen graag op een zitstok. De bodem is
gemaakt van houten latten, zodat de kippen kunnen
zitten waar ze willen. In dit gedeelte hebben ze
geen stro nodig, maar in het legnest wel. De kippen leggen overdag om de beurt hun ei, maar
ze stellen prijs op privacy, dus probeer niet te
gluren!

Goed schoon te houden

Het gladde plastic oppervlak van de eglu is erg gemakkelijk schoon te houden.
De binnenkant kunt u reinigen met een zachte borstel en desinfecterend schoon-
maakmiddel – een poetsbeurt per maand zorgt ervoor dat uw kippen een hygiëni-
sche thuisbasis hebben. Ook de zitstokken zijn uitneembaar, zodat parasieten als
mijten (die dol zijn op hoeken en gaten) zich nergens schuil kunnen houden. De uitwerpselen vallen door een rooster op een blad dat u gemakkelijk uit het hok kunt
schuiven en naar uw composthoop kunt dragen.

Achter gesloten deuren

De eglu houdt de kippen 's winters warm en
's zomers koel, net zoals dubbele beglazing
uw huis isoleert: de lucht tussen de twee
lagen plastic zorgt voor een constante
binnentemperatuur. De voordeur kan
met de hendel bovenop worden
geopend en gesloten. De deur kan
ook op slot, dus is het hok
's nachts knus en veilig. Als u
's morgens de deur openzet, ren-
nen de kippen naar buiten om
hun ontbijt bij elkaar te scharrelen. En misschien ligt uw ontbijt
wel vers in het legnest!

KIPPEN OP VAKANTIE

*Als u op vakantie gaat en uw
kippen door een kennis laat
verzorgen, vervoer ze dan in
de eglu. Probeer de reistijd zo
kort mogelijk te houden, zeker
als het warm is. Kippen kunnen
best een paar uur ingesloten
zitten, maar probeer stress zo
veel mogelijk te beperken.*

LAAT LICHT BINNEN

*Laat het deksel eens per
maand een paar uur van
het dak af, zodat er zonlicht
het hok in kan. De uv-stralen
doden micro-organismen
die houden van donkere,
vochtige plaatsen.*

ONDERHOUDSVRIJ

*In tegenstelling tot een
houten hok is de eglu heel
duurzaam. Houten hokken
moet u jaarlijks beitsen, maar
plastic hoeft u alleen af en
toe te wassen en schoon
te maken.*

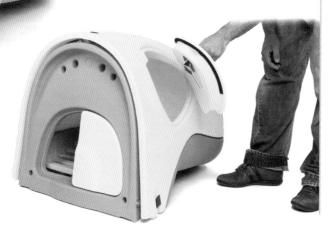

DE REN

Een kleine ren...

De manier waarop u kippen houdt, wordt bepaald door het feit of u een stadstuintje heeft of een grote tuin op het platteland. Veel kippenhokken hebben een aangebouwde ren. Terwijl sommige mensen hun kippen continu in de ren houden, zien andere het meer als veilige uitloop als ze zelf niet thuis zijn. Als u uw kippen het grootste deel van de tijd in een ren houdt, moet u uitgaan van één vierkante meter ruimte per kip.

Boven: kippen moeten kunnen rondscharrelen in de open lucht. Een ren biedt hun een veilige manier om dat te doen.

Een gaasrand houdt gravende roofdieren buiten

Boven: aan de voorzijde van de eglu kan een veilige gazen ren worden bevestigd.

... of een grote

U kunt kiezen voor een kleine ren en uw kippen de vrijheid geven in de tuin. Een alternatief is rondom hun hok een stuk tuin af te schermen, maar denk eraan dat vossen kunnen klimmen; een dak is dus echt nodig! Als u de kippen op één plek houdt, wordt het gras snel dun. Probeer daarom eens de bodem te bedekken met snippers boomschors. Een kleine ren kunt u verplaatsen naar een strook vers gras, ook om ziektekiemen op afstand te houden. Snippers schors kunt u gewoon eens per maand wegharken en verversen.

Bescherm uw ren

Er zijn diverse manieren om te voorkomen dat roofdieren zich de ren in graven. U kunt het gaas een
stuk in de grond ingraven, zodat graafpogingen worden tegengewerkt. Het nadeel is nu echter dat u de
ren niet zo gemakke-
lijk kunt verplaatsen.
Een alternatief is een
ren met rondom gaas,
al maakt dit het
lastiger het grond-
oppervlak schoon
te maken. Een con-
structie met een
afneembaar bodem-
gedeelte is dan wel-
licht een schone
en veilige

*Boven: voer- en drinkbakken kunt u
makkelijk in de ren zetten, zodat uw
kippen altijd voedsel en water tot hun
beschikking hebben.*

oplossing. Zo houdt u roofdieren buiten,
kippen binnen en de ren schoon.

*Onder: ook een hok met aangebouwde ren is goed te
verplaatsen. Uw grasmat zal u dankbaar zijn!*

ETEN EN WATER

Kippen houden van variatie

Als geboren scharrelaars kunnen kippen zelf een groot deel van hun dagelijkse eten vinden, mits ze genoeg ruimte krijgen in een gevarieerde omgeving. Ze eten gras en ander groen, wormen en insecten. Water vinden ze in plassen en lege bloempotten. Maar eieren leggen kost veel energie en dus is het verstandig een hen die aan de leg is de juiste balans te bieden tussen proteïnen, koolhydraten, vitaminen en mineralen, vooral als ze niet vrij kan rondlopen. De beste manier om dit te bereiken is haar een speciaal legmeel te geven.

Wees consequent met voer

Een volgroeide kip moet dagelijks zo'n 130 g voer eten. Voer voor kippen die eieren leggen, heet legmeel of legkorrels, een mengsel van tarwe, gerst, haver en maïs. Een goede kwaliteit voer bevat als enige proteïne soja en vermeldt op het etiket dat het voer vegetarisch is. Legkorrels zijn gemaakt van legmeel en zijn voor kippen gemakkelijk te eten. Als uw kippen in de ren lopen, kunt u ze beter meel geven, omdat het dan voor de kippen interessanter is om op voedseltocht te gaan. Bewaar het voer in een beschutte ruimte, zodat het droog blijft.

Grit

Korrels

Meel

Schoon water is belangrijk

Het is van groot belang dat uw kippen kunnen beschikken over voldoende vers water. U moet de drinkbak elke dag opnieuw vullen. En als het extreem

Boven: dankzij een vacuüm houdt deze bak het water op een constant niveau.

warm of koud is, moet u twee keer per dag controleren of uw kippen water hebben. Op een hete dag drinkt één kip al een halve liter. U kunt kiezen tussen plastic en metalen bakken. Kies een bak waar kippen geen water uit kunnen gooien of waar ze in kunnen staan. De bak moet duurzaam en gemakkelijk schoon te houden zijn.

Onder: kippen kunnen geen vloeistof doorslikken zoals wij dat doen – ze moeten hun kop achterover houden.

HANDIGE WEETJES

EXTRA HAPJES

Geef uw kippen af en toe een extraatje, zoals restjes pasta, rijst, groente en fruit. Kippen zijn heel kieskeurig. Om te ontdekken wat ze lekker vinden, kunt u het best verschillende dingen uitproberen. Geef geen zoute, zoete of vette hapjes en geen citrusvruchten of vlees.

Pasta

Broccoli

Rijst

GRIT OM TE MALEN

Kippen hebben geen tanden en verteren hun voedsel door het eerst in hun spiermaag te vermalen. Daarvoor gebruiken ze steentjes die ze van de grond pikken. Zet voor dat doel dus een bakje grit in de ren.

VOER VOOR JONGE KIPPEN

Zolang uw kippen nog niet tegen de leg aan zitten, moet u ze ander voer geven, genaamd opfokkorrels of opfokmeel.

UW TUIN VOORBEREIDEN

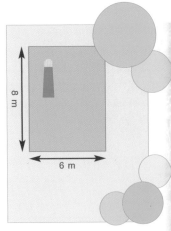

Geef ze de ruimte

Als u overweegt kippen te gaan houden, moet u zeker weten dat het aantal kippen dat u koopt in uw tuin past. Hoezeer u ook van kippen houdt, een balkon is echt te klein. Hanteer als vuistregel vijftig vierkante meter per twee kippen. Dat betekent dat u in een stadstuin heel goed kippen kunt houden. Met zoveel ruimte en een gevarieerde inrichting van uw tuin kunnen uw kippen en plantjes het vast en zeker goed met elkaar vinden.

Boven: een stuk tuin van zo'n 50 m² is ruim voldoende om een paar kippen te houden.

Stofbaden en struiken

Als u een perfect verzorgd gazon en fraaie bloembedden heeft, moet u zichzelf en uw tuin voorbereiden op een rommeliger aanzien. Waar houden kippen van? Kippen schuilen graag onder struiken en nemen stofbaden om zich schoon te houden. Dat betekent dat er een stukje tuin bedekt moet zijn met fijn zand. Als iets dergelijks niet beschikbaar is, kunnen ze uw gazon voor dit doel gaan verbouwen! Bovendien zijn kippen niet

Boven: kippen zijn opportunistische eters die houden van wormen, insecten, zaden en groen.

zindelijk; ze poepen werkelijk overal. Vermengd met tuinafval is kippenmest een geweldige compost, maar het is te scherp om zó bij uw plantjes te scheppen.

Links: kippen en smetteloze gazons gaan niet samen. Een verwilderd stukje gras als dit is een betere optie

Boven: kippen geven hun baasjes meer dan eieren alleen; terwijl ze rond perken en bedden scharrelen, brengen ze uw tuin tot leven.

Binnen de perken

Hoewel kippen niet kunnen vliegen, kunnen ze wel indrukwekkende sprongen maken. Een hek van twee meter houdt ze wel binnen, maar bedenk dat alles wat ertegenaan staat als opstapje kan worden gebruikt. Kippen knabbelen graag aan alles wat net de grond uit komt en kunnen uw moestuin dus danig verpesten. Om uw kippen uit de buurt te houden, kunt u uw zaailingen afrasteren met gaas. Moedig uw kippen aan er daar waar u dat uitkomt op los te rommelen. Reserveer hiervoor een lapje grond dat u laat 'verwilderen' en waar ze naar hartenlust kunnen rondscharrelen.

Boven: verstokte tuiniers kunnen de planten waar ze erg op gesteld zijn beschermen met gaas.

HANDIGE WEETJES

GEVAARLIJKE STOFFEN

Als u in uw tuin chemische bestrijdingsmiddelen gebruikt, zorg er dan voor dat uw kippen er niet bij kunnen. Laat ze niet in het behandelde gedeelte tot u zeker weet dat er geen gevaar meer bestaat.

STOFBAD IN BLOEMPOT

Als er in uw tuin geen plek is waar uw kippen een stofbad kunnen nemen, kan een grote bloempot gevuld met fijn zand een oplossing zijn.

WATER? LET OP!

Kippen kunnen niet zwemmen! Terwijl bij eenden het water van hun rug af stroomt, nemen de veren van kippen water op. Waarschijnlijk zijn kippen eerder geneigd uit een vijver te drinken dan erin te gaan zwemmen, maar houd ze de eerste paar keer in de gaten.

EEN KIP KOPEN

Waar vindt u kippen?

In de dierenwinkel zult u ze meestal niet vinden. Meer kans maakt u door de haasjes in de regionale krant uit te pluizen of navraag te doen bij een dierenarts of leverancier van kippenvoer. Bekijk zo mogelijk zelf de kippen ter plaatse. U kunt eventuele vragen dan meteen aan de verkoper stellen. Door kippen te kopen die samen zijn opgegroeid en ongeveer even oud zijn, kunt u er vrij zeker van zijn dat ze elkaar mogen en waarschijnlijk niet zullen vechten. Besluit vooraf hoeveel kippen u wilt houden, of u er een haan bij kunt hebben en welke soort kip u wilt kopen: een hybride die weinig verzorging nodig heeft en veel eieren legt of een raskip die er exotisch uitziet maar meer aandacht vraagt.

Waar moet u op letten?

Een gezonde kip heeft heldere ogen, glanzende veren en oogt kwiek. Een hennetje heeft nog geen grote rode kam; die groeit pas als ze aan de leg komt. De poten moeten glad zijn en de moet borst stevig zijn. Kijk goed naar de snavel en controleer of de snavel en neusgaten schoon zijn; waterige ogen en een vieze kont zijn aanwijzingen dat een kip niet helemaal gezond is.

Glanzende veren

Kwiek en alert gedrag

Heldere ogen

Schone snavel, neusgaten snotvrij

Stevige borst

Schoon rondom de cloaca?

Stevige, gladde poten

Boven: het is een goed idee om de fokker te bezoeken en een kip te bekijken voor u tot aanschaf overgaat.

Rechts: één manier om vast te stellen of een kip al aan de leg is, is om de ruimte in de bekkengordel te meten, zoals op de foto wordt getoond. Bij een kip die eieren legt, moet deze ruimte drie vingers breed zijn.

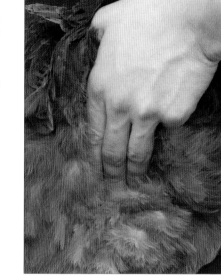

Rechtsonder: jonge hennetjes die nog niet aan de leg zijn, hebben een kleinere kam dan volwassen hennen.

OOGAPPEL OF EIEREN?

Kies niet zonder meer voor de mooiste kip – de soorten met de fraaiste veren leggen vaak niet zo goed. Bedenk ook dat kippen met veren op hun poten snel vuil worden en dat u ze regelmatig moet schoonmaken.

WIE ZIJN HAAR OUDERS?

Als u een raskip koopt, vraag dan of u haar ouders kunt zien. Zo krijgt u een goed idee van hoe uw kip er als volwassene uitziet en of ze een vriendelijk karakter heeft.

Koop geen kip in de zak

In advertenties staat soms bij 'leeftijd' vermeld dat een kip 'tegen de leg aan' is. Natuurlijk begrijpt u dan wel dat de kip elk moment eieren kan gaan leggen, maar dat wil nog niet zeggen dat het haar eerste leg is. Het is altijd belangrijk om naar de leeftijd van een kip te vragen, omdat veel mensen hun kippen na twee jaar verkopen, om ze te vervangen door jonge hennetjes.

Van sommige kruisingen kan al na één dag het geslacht worden bepaald, terwijl andere pas na ten minste vier weken kunnen worden gesekst. Koop kippen daarom bij voorkeur als ze zestien weken oud zijn. Op die leeftijd zijn ze nog te temmen en kan er geen twijfel meer over bestaan of het haantjes of hennetjes zijn.

DE EERSTE DAG THUIS

Kippen vervoeren

U kunt uw kippen meenemen in een grote kartonnen doos met stro op de bodem en ventilatiegaatjes in de zijkanten – maak deze gaatjes voordat de kippen erin worden gezet! Een alternatief is een draadmand waarin ook wel kleine honden worden vervoerd. Wat u ook gebruikt, zorg voor voldoende ventilatie. Als u ver moet rijden, moet u af en toe controleren of de kippen het niet te warm krijgen. Veelzeggende tekens zijn hijgen of de vleugels spreiden om af te koelen. Stop om de paar uur om ze wat water te geven.

Andere huisdieren

Meestal kunnen kippen het prima vinden met andere huisdieren, zoals katten en honden. Laat uw kippen eerst een paar dagen hun draai vinden voordat u ze aan de overige dieren voorstelt en laat ze rustig aan elkaar wennen als uw kippen veilig in hun ren zitten. In het begin zal een kip misschien wat fladderen, wat een nieuwsgierige hond erg interessant vindt, maar mettertijd zullen ze prima met elkaar kunnen opschieten en met gezond wederzijds respect door de tuin kuieren.

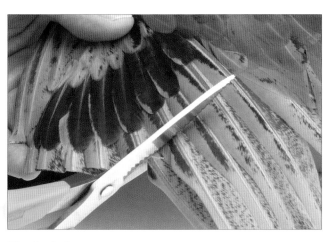

Kortwieken

Hoewel de meeste kippen niet hoog of ver kunnen vliegen, is het gebruikelijk ze te kortwieken. Dit doet geen pijn. Om de kip uit haar evenwicht te brengen en te voorkomen dat ze op of over hekken vliegt, hoeft u maar één vleugel te kortwieken. Misschien heeft de verkoper dit al voor u gedaan. Vraag anders iemand de kip voor u vast te houden terwijl u met een schaar de grote slagpennen aan de rand van de vleugel doorknipt. Knip de eerste zes of zeven veren door ter hoogte van waar de volgende rij veren begint.

Boven: kortwieken is een pijnloze manier om te voorkomen dat uw kippen een open ren of hok uit fladderen. Knip de grote slagpennen van één vleugel doormidden, zodat de kip bij het 'vliegen' uit balans raakt.

HANDIGE WEETJES

Doos in de ren
Als u niet weet hoe u kippen oppakt, kunt u de doos of mand waarin ze zijn vervoerd geopend in de ren zetten. Zo voorkomt u dat er een onverwacht uit de doos springt, waarna u haar door de tuin achterna moet.

Bedtijd
De eerste nacht weten uw kippen misschien nog niet waar ze moeten slapen. Leg daarom een zaklantaarn in hun nachthok om ze te lokken. Als ze eenmaal binnen zijn doet u de deur dicht en haalt u de zaklantaarn weg.

De eerste dagen
Om te zorgen dat de kippen weten waar ze op stok moeten, kunt u ze ongeveer vijf dagen in het hok en de ren houden. Als u ze daarna in de tuin laat, weten ze dat ze in hun hok veilig zijn en gaan ze erheen zodra het donker wordt.

EIEREN

Schalen vol gezondheid

De eieren van uw eigen kippen zijn kakelvers en een geweldige energiebron. Gemiddeld bestaat een ei voor 70% uit water, terwijl proteïnen, vet en mineralen elk 10% vormen. Ze bevatten naast alle acht onmisbare aminozuren ook vitamine A, B, D en E om uw lichaam gezond te houden. Met één ei krijgt een volwassene 14% van de dagelijks aanbevolen hoeveelheid proteïne binnen. Een ei bevat ongeveer 75 calorieën, waarvan twee derde in het eigeel zit.

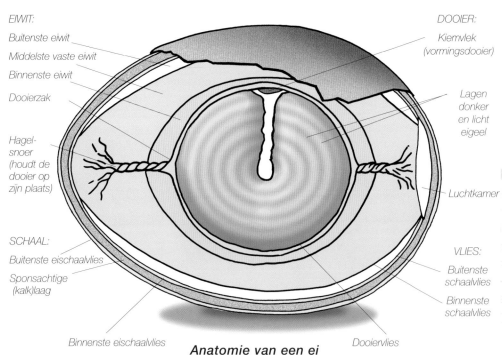

EIWIT:

Buitenste eiwit

Middelste vaste eiwit

Binnenste eiwit

Dooierzak

Hagelsnoer (houdt de dooier op zijn plaats)

SCHAAL:

Buitenste eischaalvlies

Sponsachtige (kalk)laag

Binnenste eischaalvlies

DOOIER:

Kiemvlek (vormingsdooier)

Lagen donker en licht eigeel

Luchtkamer

VLIES:

Buitenste schaalvlies

Binnenste schaalvlies

Dooiervlies

Anatomie van een ei

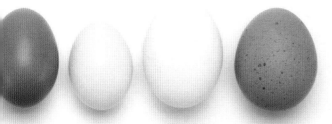

Grootte en vorm

De eerste eieren die uw kippen leggen, kunnen erg klein zijn, misschien wel zo klein als een druif. Maar ze worden groter naarmate het kippenlijf zich aanpast en ontwikkelt, tot kippen consequent eieren van ongeveer 60 g leggen. Door de jaren heen kan uw kip heel vreemd gevormde eieren leggen: eieren met ruwe plekken, lange, dunne eieren, of eieren die eruitzien als verfrommeld papier! Dat kan komen doordat de kip geschrokken is of gewoon doordat ze ouder wordt.

Eieren – de natuur weet het mooi te verpakken.

Het aantal eieren

Hoeveel eieren uw kip legt, hangt af van het ras. Sommige hybride soorten kunnen ruim 300 eieren per jaar leggen, tegen hooguit 250 bij een raskip. Omdat kippen gevoelig zijn voor het aantal uren daglicht, leggen ze in de zomer meer dan in de winter. Twee hybride kippen leveren u 's zomers twaalf en 's winters acht eieren per week op. Als uw kippen minder gaan leggen, kan dit ook een teken zijn dat ze niet helemaal gezond zijn.

HANDIGE WEETJES

KOEL BEWAREN
U hoeft eieren niet in de koelkast te bewaren. Als u ze met de punt naar beneden op een koele plaats bewaart, blijven ze tot drie weken goed. Twijfelt u of een ei vers is? Test het in een bak water. Als het zinkt, is het vers, als het blijft drijven, is het rot.

Een rot ei

Een vers ei

DOOIERKLEUR
Wat kippen eten, bepaalt de kleur van de dooier. Hoe meer groenvoer ze krijgen, des te geler wordt de dooier. Maar een paar kastanjes kunnen de dooier al een zweem groen geven.

ZACHTE EIEREN
Dunne eierschalen kunnen duiden op een gebrek aan kalk. U kunt dit oplossen door speciaal kippengrit te kopen. Een alternatief is om lege eierdoppen te vermalen en door het voer te mengen.

DE DAGE-
LIJKSE
ROUTINE

Ochtend

Uw kippen hebben een rustige nacht
achter de rug, zittend op hun stok met hun
ogen dicht. Zodra het licht wordt, worden ze wakker
en willen ze buiten op zoek naar voedsel. Als uw kippen ouder zijn dan ongeveer achttien weken, zullen ze

*Boven: 's morgens moet u de
kippen naar buiten laten, zodat ze
op zoek kunnen naar eten.*

ergens in de volgende uren een ei leggen. Als ze een hok met een legnest hebben, maken
ze het zich daar gemakkelijk en laten ze pakweg twintig minuten later een ei achter. Als uw
kippen vrij door de tuin lopen, moet u misschien naar de eieren zoeken!

Overdag

's Ochtends eten kippen het
meest. Zorg er daarom voor
dat ze voldoende legmeel
kunnen eten voordat u ze
extraatjes geeft. Na het eten
strijken ze hun veren glad.
Tijdens een stofbad laten ze
zand en aarde tussen hun
veren door stromen om eventuele mijten te verwijderen. Op
een zonnige, hete dag liggen
ze soms buiten en zien ze
eruit alsof ze gesmolten zijn,
met één vleugel gespreid! De
rest van de dag scharrelen ze
door de tuin op zoek naar
insecten en lekkere hapjes.

*Links: kippen die in een ren zitten,
gaan meestal het legnest op om
een ei te leggen.*

Boven: als u twee kippen houdt, mag u 's zomers gemiddeld rekenen op twee eieren per dag.

Tegen de avond

Kippen hebben de prettige gewoonte dat ze altijd op stok gaan als het donker wordt. Laat daarom 's avonds de deur van het hok open. Als ze op stok willen en er niet in kunnen, maken ze het nodige lawaai en gaan daarna op zoek naar een logeerplek, bijvoorbeeld een tak in de tuin. Hier zijn ze echter niet beschermd en kunnen ze ten prooi vallen aan een roofdier.

Links: als u uw kippen in de tuin laat rondlopen, moet u er rekening mee houden dat u op zoek moet naar de eieren, want de kippen gaan niet altijd terug naar het legnest.

SEIZOENSTIPS

Houd ze koel en droog

De meeste kippen zijn sterk en kunnen het hele jaar door prima buiten blijven. U moet ze wel schaduw en bescherming tegen wind en regen bieden. Hoe actief uw kippen zijn en hoeveel eieren ze leggen, verschilt per jaargetijde. Zelfs al zijn ze 's winters wat trager, ze fleuren het hele jaar door uw tuin op – ze zijn immers leuk om naar te kijken en ze trekken andere dieren aan.

Boven: kippen maken zich nuttig door ongedierte op te pikken, maar kunnen jonge plantjes schade toebrengen.

Voorjaar en zomer

Kippen zijn gevoelig voor licht. Tijdens voorjaar en zomer worden ze vroeger wakker en gaan ze later op stok. Als ze 's winters van de leg zijn geraakt, beginnen ze vaak weer te leggen zodra het langer licht blijft. Op lange hete dagen hebben kippen veel dorst. Kijk daarom regelmatig of ze nog genoeg water hebben of zet extra bakjes water neer. Als u uw kippen in de tuin laat lopen, pikken ze ongedierte als slakken en vliegen op. Ze zijn echter ook dol op jonge plantjes, dus bescherm die indien nodig. Afhankelijk van het kippenras kunnen ze in het voorjaar of 's zomers broeds worden. Om dit te voorkomen moet u regelmatig eieren rapen.

Najaar en winter

Het dikke verendek van de kippen beschermt ze tegen kou, maar ze worden liever niet nat. Naarmate het kouder en natter wordt, zoeken uw kippen meer beschutting. Als ze dat buiten niet kunnen vinden, blijven ze in hun hok. Als u de ren afdekt tegen regen en wind, zullen ze eerder buiten op zoek gaan naar voedsel. Controleer 's winters regelmatig of hun water niet bevriest en gebruik een boodschappennet om wat groenvoer in de ren te hangen. 's Winters leggen kippen minder eieren, doordat de dagen korter zijn, en sommige rassen leggen dan zelfs helemaal niet. Bij extreme kou kunt u wat vaseline in de kam van uw kippen masseren om bevriezing te voorkomen.

HANDIGE WEETJES

LANGERE NACHTEN
Als de dagen korter worden, gaan uw kippen eerder op stok. Dat betekent dat u vroeger de deur van hun hok dicht moet doen.

GEEN MODDERBADEN
Sommige raskippen met lange veren worden erg vies. Als hun ren 's winters erg modderig wordt, kunnen hun veren beschadigd raken. Om dit te voorkomen, kunt u een bodembedekking kiezen die goed water afvoert, zoals versnipperde boombast.

VEILIGER BINNEN
Als u met oud en nieuw graag vuurwerk afsteekt, kunt u uw kippen beter in huis halen. Breng ze zolang onder in een ruime kartonnen doos met wat stro erin en voldoende ventilatiegaatjes. De volgende ochtend kunnen ze de tuin weer in.

GOEDE MEST
Kippenmest kunt u op de composthoop gooien, want het draagt bij tot een rijk compostmengsel waarmee de aarde in uw tuin verbetert. De mest kan zelfs onvermengd bij bepaalde planten worden gegooid – zoals aalbesstruiken – maar wees voorzichtig, want voor de meeste bloemen is hij te scherp.

Links: 's winters beschermt u de kam tegen vrieskou door er wat vaseline op te smeren.

HOUD HET SCHOON

Wekelijkse verzorging

Wekelijkse verzorging komt neer op het schoonmaken van het hok om ervoor te zorgen dat de mest zich niet ophoopt. Ververs vuil stro en schraap mest los. Dit is een stuk gemakkelijker als het hok een uitschuifbare mestplank heeft. Door wat kranten of karton neer te leggen voorkomt u dat de mest aan

Houtmot　　　　*Kort stro*

de bodem vastplakt, zodat deze gemakkelijker op te ruimen is. Maak ook de drink- en voederbakken goed schoon om te voorkomen dat bacteriën vrij spel krijgen.

Links: als het hok een uitschuifbare mestplank heeft, kunt u die er gemakkelijk uit trekken en schoonspuiten – en de mest eventueel aan uw composthoop toevoegen.

Ontsmetten en poederen tegen mijten

Hoe goed u uw kippenhok ook schoonhoudt, het is van groot belang dat u eens in de vier maanden grote schoonmaak houdt. Na de gewone reinigingsbeurt haalt u alle losse delen eruit: zitstok(ken), mestplank, enzovoort. In de dierenwinkel kunt u een speciaal ontsmettingsmiddel kopen. Schrob alle hoeken en gaten. Mijten zitten graag in vochtige en donkere kieren. Laat daarna alles drogen in de zon; dit doodt micro-organismen die meestal niet worden blootgesteld aan uv-straling. Bestrooi het hok ten slotte royaal met mijtpoeder. Als u veel last heeft van mijten, kunt u uw kippen ook in de nek en rond de cloaca bestrooien. Zo heeft u de komende maanden een probleemvrij kippenhok.

Rechts: bestrooi houten hokken af en toe met mijtpoeder.

Boven: zitstokken moeten af en toe grondig worden geschrobd.

Onderhoud

Houten hokken moeten worden gebeitst tegen het rotten. Houd uw kippen uit de buurt wanneer u de beits erop smeert. Controleer eerst of er geen delen zijn gaan rotten en dus gerepareerd moeten worden. Volg dan de aanwijzingen op de verpakking. Probeer het hok 's morgens te beitsen, dan kan het de hele dag drogen, voordat de kippen er weer in moeten. Met een kunststofhok is het onderhoud stukken gemakkelijker: gewoon met water en zeep boenen, meer is niet nodig.

Boven: kort stro leent zich goed om het legnest mee te vullen. Het is gemakkelijk te verdelen en vuil stro kunt u gemakkelijk weghalen.

HANDIGE WEETJES

VOETENBAD
Kippen kunnen steeds meer modder op hun poten krijgen, die hard opdroogt. Als u ze even in een laagje handwarm water zet, lost de modder op, en dat is een stuk prettiger voor de kippen.

NESTVULLING
U kunt het legnest vullen met houtmot of stro. Als u houtmot gebruikt, moet u zeker weten dat het geschikt is voor huisdieren en geen fijn stof bevat, dat ademhalingsproblemen kan veroorzaken.

BEGROEIDE POTEN
Lichtgekleurde kippen of rassen met lange veren kunnen in de natte wintermaanden zeer smerig worden. Maak de veren schoon met handwarm water en wat zeep. Spoel de zeep goed weg en droog de veren zacht af met een handdoek. Föhnen mag, zij het kort, anders beschadigt u de veren.

DE JUISTE AANPAK

Vertrouwen opbouwen

Laat uw kippen in het begin alleen in de vroege avond uit de ren, want dan zullen ze niet ver weg lopen. Blijf zelf in de tuin en lok ze naar u toe door iets lekkers als suikermaïs of rozijnen over de grond te strooien of door tegen ze te praten en voedsel naar ze op te houden. Als uw kippen uit uw hand durven te eten, kunt u proberen ze te aaien. Vermijd snelle of plotselinge bewegingen en aai de veren op hun borst en rug.

Een traktatie? Ze zijn er als de kippen bij.

Boven: door kippen met de hand te voeren, leren ze om zich bij u op hun gemak te voelen.

Een kip oppakken

Til uw kip op – wees zelfverzekerd en breng beide handen omlaag over haar rug, waarbij u haar vleugels tegen haar lichaam duwt, zodat ze niet kan fladderen. Til haar op en houd haar tegen u aan, terwijl u haar van onderen ondersteunt. Ze zal misschien wat tegenstribbelen, maar als ze zich veilig voelt, laat ze zich gewoon vasthouden.

Gebruik beide handen om de romp goed vast te pakken en gefladder te voorkomen.

Links: probeer een kip voor het eerst op te pakken als uw aanwezigheid haar niet zenuwachtig maakt.

Lastig te vangen

Probeer uw kippen niet zenuwachtig te maken door ze met wilde bewegingen te vangen. Kippen kunnen heel snel lopen en als u een wanhopige poging doet om ze te vangen, trekt u misschien alleen hun veren uit. Lukt het niet, laat ze dan even rustig bijkomen en probeer het een paar minuten later opnieuw. Soms is het handig als er nog iemand bij is, zodat de ontsnappingsroutes beter geblokkeerd kunnen worden!

Boven en onder: houd een kip met één hand onder haar buik tegen uw lichaam aan om haar te steunen. In deze houding blijft het dier relatief rustig.

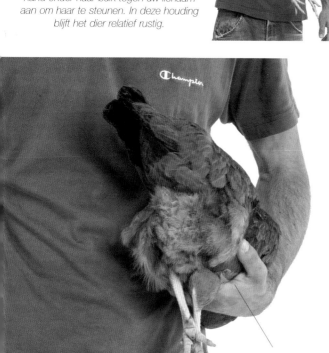

Deze 'achterstevoren' houding werkt ook erg goed.

HANDIGE WEETJES

SLAAPTHERAPIE

In het begin pakt u uw kip het gemakkelijkst vast als ze al op stok zit. Open het deurtje van het hok, til haar op en zet haar terug. Op deze manier hebben jullie beiden last van minder stress.

Boven: tamme kippen komen soms zomaar bij u zitten!

OPEN UITNODIGING

Tamme kippen lopen u in de tuin gewoon achterna. Ze kunnen zelfs als u zit op uw schoot of schouder springen. Als u de achterdeur open laat staan, kan het gebeuren dat uw kippen een kijkje komen nemen in huis.

KIPPENGEDRAG

Onder: in elk kippenhok heerst een pikorde die de hiërarchie in de groep vaststelt. Nieuwe of jonge kippen moeten hun plek vinden.

De pikorde

Elke groep kippen heeft een pikorde. Als er één haan in de toom zit, zal hij uiteraard haantje de voorste zijn en lopen de kippen in een rij achter hem aan. Hennen zonder haan zoeken de pikorde onderling uit, wat gepaard kan gaan met kwaadaardig gepik en gekibbel. Hoe groter de groep, hoe ingewikkelder en langduriger het proces. Houd u erbuiten, ook als het een paar dagen duurt, tenzij een van de dieren echt heel erg gepikt wordt. Uiteindelijk komen ze er wel uit en leven ze met elkaar in harmonie. Als u er een nieuwe kip bij zet of er een weghaalt, kan het hele spel opnieuw beginnen.

Broedse hen

Zelfs als u geen haan heeft, worden kippen zo nu en dan broeds. U merkt dat een kip broeds is als ze in het legnest blijft zitten en heel narrig wordt als u haar probeert te verplaatsen. Het duurt 21 dagen om eieren uit te broeden, maar zelfs als u alle eieren heeft weggehaald, krijgt u een broedse kip niet zo gemakkelijk uit haar trance. Zorg ervoor dat ze gemakkelijk bij voedsel en water kan, maar als ze niet van het nest komt om te eten en te drinken, moet u haar eraf tillen en buiten zetten.

Boven: als een kip ongeveer één jaar oud is, begint ze haar veren te verliezen. Geen paniek – ze is niet ziek maar in de rui, een natuurlijk proces om veren te vervangen dat zo'n zes weken duurt.

In de rui

Eens per jaar gaan uw kippen in de rui en verliezen ze veel veren over hun hele lichaam. Het begint achter in de nek, via de rug en dan langs de veren naar beneden. Eerst wordt een kip heel kaal en als de nieuwe veren doorkomen, lijkt ze net een stekelvarken. In het begin lijken de veren net holle buisjes die door de huid steken. Tijdens de rui leggen kippen geen eieren. Dit duurt gemiddeld zo'n zes weken.

HANDIGE WEETJES

OPNIEUW KORTWIEKEN
Na de rui, als de nieuwe veren zijn volgroeid, moet u uw kip opnieuw kortwieken, want met de nieuwe slagpennen kan ze wegvliegen. Als een kip veren verliest, controleer dan even of de rui echt de reden voor dit verlies is.

Na de rui moet u de kip opnieuw kortwieken.

UITSTEKENDE MOEDERS
Sommige rassen zijn vaker broeds dan andere. Krielkippen zijn heel goede moeders en broeden vaak de eieren uit van andere rassen die zelf niet zo broeds zijn. Hybride kippen zijn minder geneigd tot stilzitten en sommige worden nooit broeds.

EEN KIP ERBIJ?
Stel een nieuwe kip geleidelijk voor aan een vaste toom. Houd ze uit elkaar, maar zorg ervoor dat ze elkaar overdag kunnen zien. Zet de nieuweling 's nachts in een apart hok. Na twee of drie dagen mogen ze bij elkaar. Er kan even gekibbeld worden, maar de nieuwe kip zal snel worden geaccepteerd.

ZIJN UW KIPPEN GEZOND?

Houd uw ogen open

Tijd doorbrengen met uw huisdieren is één manier om vast te stellen of ze gezond en gelukkig zijn. Door uw kippen een paar minuten per dag te observeren, krijgt u een idee van hun gedrag en gewoontes. Als u weet hoe uw kippen zich meestal gedragen, kunt u gemakkelijker vaststellen wanneer eentje zich ziek voelt. Pak uw kippen regelmatig op en check hun gezondheid. Als u dit elke dag doet, weet u snel genoeg of er iets mis is.

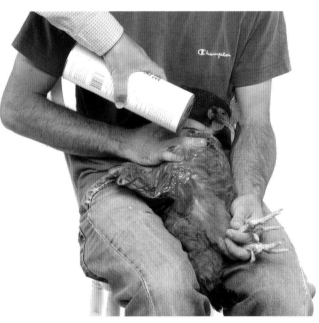

Boven en links: luizen zijn bijtende parasieten die op de kippen leven; behandel ze met een speciaal poeder.

Rode mijt

De rode mijt houdt zich graag op in de gaten en kieren in houten hokken en vormt een van de meest voorkomende problemen bij kippen. Ze komen 's nachts te voorschijn en kruipen op de kippen om hun bloed te drinken. Dat kan tot gevolg hebben dat de kip er bleekzuchtig uitziet en geen eieren meer legt. Kijk overdag of er mijten onder de stok zitten. De diertjes zijn rood, 1 mm lang en bewegen traag. Behandel het hok indien nodig met mijtpoeder en bestrooi daarbij alle oppervlakken royaal, vooral hoeken en kieren.

Rechts: duw de veren opzij om te zien of uw kip gebeten wordt door luizen of mijten.

Wees alert op luizen

Luizen leven op de kippen zelf, in het afval op de bodem van het hok en soms in een stofbad. U kunt uw kip op luizen controleren door de veren rond haar cloaca en onder haar vleugels uit elkaar te duwen. Daar ziet u mogelijk lichtbruine luizen en bergen witte eitjes. Luizen zorgen voor irritatie en kunnen veeruitval veroorzaken. U behandelt ze door de kip, het hok en het stofbad royaal te bestrooien met luizenpoeder tot het probleem is opgelost.

Kalkpootmijt

Als u goed kijkt, ziet u dat een kip schubben op haar poten en tenen heeft. Deze moeten glad en schoon zijn. Er bestaat een mijt die onder de schubben leeft, waardoor die open gaan staan en korsten vormen. Zodra u dit ziet, dompelt u de poten van uw kip tweemaal per week in ontsmettingsalcohol tot het probleem verholpen is.

Links: controleer regelmatig de poten van uw kippen; kalkpootmijt kan een kip kreupel maken.

KIPLEKKER

Het lichaam van een kip moet stevig maar niet dik zijn, en haar verendek moet glanzen en vol zijn. Kale plekken kunnen wijzen op luizen of een huidkwaal. De meeste kippenkwalen komen voort uit gebrekkige hygiëne in het hok of een te groot aantal kippen in een te kleine ruimte.

NIET TE DIK

De meeste kippen overeten zich niet. Maar als u uw kippen te veel hapjes geeft, doen ze geen moeite meer hun eten bij elkaar te scharrelen. Ze worden lui en leggen minder eieren.

VRIJ EN BLIJ

Als u regelmatig het hok schoonmaakt en uw kippen vrij rond laat lopen om naar voedsel te wroeten, hoeft u zich over de gezondheid van uw kippen weinig zorgen te maken.

HOUD ZE GEZOND

Wormen

Zoals zoveel dieren kunnen kippen tijdens het eten eitjes van wormen oppikken, die vervolgens in hun ingewanden uitkomen. Kippen die wormen hebben, gaan soms meer eten, maar leggen minder of helemaal geen eieren meer. Hun kam ziet er vaal uit – eerder roze dan rood – en ze krijgen last van diarree. Als u vermoedt dat uw kip wormen heeft, moet u een wormmiddel van uw dierenarts door haar voer mengen. Sommige mensen ontwormen hun kippen voor de zekerheid tweemaal per jaar.

Links: de krop is een buidel in de slokdarm waar voedsel wordt opgeslagen voordat het naar de kliermaag gaat. Als de krop hard aanvoelt, kan er sprake zijn van verstopping.

Harde krop

Het eten van lang gras kan leiden tot verstopping van de krop. Normaal is de krop alleen 's avonds, als de kip de hele dag heeft gegeten, zichtbaar als een grote bobbel op de borst. Als u de krop ook 's morgens kunt zien en de kip niet eet, kunt u haar oppakken en aan de krop voelen. Als deze hard is, giet u wat plantaardige olie door haar keel en masseert u de krop om de inhoud losser te maken. Als dit niet werkt, kunt u het best naar de dierenarts gaan.

Kippen kunnen kou vatten

Controleer regelmatig of de snavel en neusgaten van uw kippen schoon zijn. Kippen kunnen infecties overnemen van vogels en snotterigheid kan erop wijzen dat uw kip kou heeft gevat. Andere tekenen zijn dat de kip niest of ademhaalt door haar snavel, een aanwijzing dat haar neus verstopt zit. Als u een van deze symptomen herkent, moet u de kip laten onderzoeken door de dierenarts; een korte antibioticakuur lost ademhalingsproblemen meestal goed op.

Als de kip aan de leg is, is de kam helderrood.

De ogen moeten kraalvormig en helder zijn.

Een gezonde kip is kwiek, slank en actief.

Het lichaam moet plomp en stevig zijn, niet kwabbig.

De cloaca moet vochtig en licht zijn, zonder bult of bloedsporen.

De schubben moeten glad zijn en mogen niet openstaan.

VEGE TEKENEN
Kippenmest moet stevig zijn, met een witte bovenrand. Omdat kippen veel verschillende dingen eten, kan de mest soms wat dunner zijn. Maar als u ziet dat uw kip vuile veren rondom haar cloaca heeft, kan er iets mis zijn. In dat geval is een bezoek aan de dierenarts een verstandig besluit.

SLECHTE ADEM
Een teentje knoflook in de drinkbak houdt uw kippen fit en gezond; als de kippen daarna niet meer uit hun bak willen drinken, kunt u ook knoflookpoeder door hun voer mengen.

KOOP GOED VOER
Kwalitatief goed voer en altijd voldoende vers water zijn essentieel voor de gezondheid van uw kippen.

KIPPEN FOKKEN

Eieren uitbroeden met een broedse hen

In een kippenren met een haan legt een hen bevruchte eieren. In de lente of zomer kan een hen broeds worden en een legsel produceren – negen à vijftien eieren is normaal – om daar vervolgens 21 dagen op te blijven zitten. U moet een broedse hen in een apart hok zetten. Tijdens de drie weken zal ze haar legsel regelmatig omdraaien en verplaatsen om ervoor te zorgen dat alle eieren evenveel warmte krijgen. Ze komt maar een halfuur per dag van haar nest om te eten, te drinken en een stofbad te nemen.

Onder: als u besluit dat u wilt fokken met uw kippen, heeft u een haan nodig die de eieren bevrucht. De hen blijft drie weken op haar legsel zitten broeden voor de kuikentjes uitkomen.

Een broedse hen kunt u het best bij uw toom vandaan houden. Een klein hok (zie foto) is handig om een broedse kip af te zonderen.

HANDIGE WEETJES

Eieren uitbroeden in een broedmachine

Als u geen haan heeft, kunt u vrij goedkoop bevruchte eieren kopen. U kunt ze twee weken bewaren voor u ze laat uitbroeden onder een broedse hen of op een kunstmatige manier, met een broedmachine. Een broedmachine doet een broedse hen na door te zorgen voor een constante temperatuur en om de paar uur de eieren automatisch te draaien. Eieren in een broedmachine moet u echter wel regelmatig controleren en het duurt over het algemeen iets langer dan 21 dagen voor de eieren uitkomen.

En dan heeft u kuikentjes

Als de eieren door een hen zijn uitgebroed, weet zij instinctief hoe ze haar kuikens moet verzorgen. Zet de moeder en haar kuikens echter niet terug bij de rest voordat de jongen acht weken oud zijn. Als u een broedmachine heeft gebruikt, moet u de kuikens overbrengen naar een kunstmoeder, een kleine ruimte die wordt verwarmd door een infrarode lamp en waar voer- en drinkbakjes staan. Houd ze hier tot na vijf à zes weken de veren verschijnen. Daarna moet u ze nog twee weken binnen houden.

WOORDENLIJST

Bloedvlekje Een onvolkomenheid aan een ei, veroorzaakt door een gesprongen bloedvat in de kip. Fraai zijn deze eieren niet, maar ze zijn wel eetbaar.

Broeds De behoefte van een hen om eieren uit te broeden.

Cloaca Een lichaamsopening aan de achterkant van de kip. Bij de hen komt hier behalve ontlasting ook het ei uit.

Drinkbak Een waterbak waar vogels uit kunnen drinken.

Enkele kam Een platte verticale kam met een kartelrand.

Erwtenkam Een kam die eruitziet als drie afzonderlijke kammen, waarvan de middelste de grootste is.

Grit Gebroken schelpjes met behulp waarvan kippen in de spiermaag hun voedsel kunnen vermalen.

Haan Een mannetjesvogel na de eerste rui.

Hen Een vrouwtjeskip nadat ze haar eerste leg heeft gehad; dan is ze ongeveer anderhalf jaar oud.

Hybriden Kippen die zijn gefokt uit verschillende rassen omwille van de goede eigenschappen van beide rassen, bijvoorbeeld een hoge eiproductie of een hoog lichaamsgewicht.

Kam De rode vlezige begroeiing op de kop van de meeste kippen. Ook het borstbeen van de kip wordt 'kam' genoemd.

Kinlellen De vlezige aanhangsels aan de onderkant van de snavel.

Kip De technische naam voor een vogel (zowel mannetje als vrouwtje) die in het huidige seizoen is gefokt.

Korrel Soort kippenvoer dat is samengesteld op basis van een fijn mengvoer.

Kortwieken Het doorknippen van het uiteinde van de grote en kleine slagpennen aan één vleugel om ontsnappingspogingen te belemmeren.

Kriel Een 'echte' kriel is een soort die geen grotere variant kent. Er zijn negen 'echte' krielrassen. Veel kleine vogels worden krielen genoemd, maar zijn eigenlijk miniatuurvarianten of kleine versies van grote rassen.

Krop In de krop, onder aan de nek, wordt voedsel opgeslagen en vermalen voordat het het spijsverteringskanaal in gaat.

Kuif De bos veren die sommige rassen op hun kop hebben.

Legmeel Een mengsel van grof gemalen granen.

Oorlel Het vlezige gedeelte bij het oor.

Rozenkam Een brede kam met een platte bovenkant, bedekt met knobbeltjes en naar achteren uitlopend in een punt.

Rui Elk jaar verliest een kip de oude veren en krijgt ze er nieuwe voor terug. De rui duurt zes tot acht weken.

Schubben Het hoornachtige huidweefsel op de poten en tenen.

Slagpennen De grootste veren aan de rand van de vleugel. De eerste tien veren vanaf de punt zijn de grote slagpennen. Ze zijn alleen te zien als de kip zich beweegt.

Spiermaag Het orgaan van de kip waarin grit wordt verzameld en waar voedsel wordt vermalen om de spijsvertering te bevorderen.

Stofbad Kippen nemen een bad in fijn stof, hetzij zand of aarde, om mijten en luizen uit hun veren te verwijderen.

Tegen de leg aan Wordt gezegd van een hennetje van zo'n achttien weken, de leeftijd waarop ze eieren kan gaan leggen. Het kan nog wel vier weken duren voor ze werkelijk aan de leg raakt.

Vlies Het laatste laagje om het ei. Het wordt in de vagina van de kip om het ei aangebracht en dient om ziekteverwekkende organismen buiten te sluiten.

Zuivere rassen Rassen die niet zijn gekruist met andere rassen of andere variëteiten.

Een Tarwe Maranshaan laat zijn fraaie kam en kinlellen goed uitkomen.

REGISTER

FOTOVERANTWOORDING EN DANKBETUIGING

De schrijvers en uitgever willen graag de volgende mensen en bedrijven bedanken voor hun waardevolle hulp bij de totstandkoming van dit boekje. Robin Clover, voor het uitlenen van het kippenhok dat boven aan blz. 26 te zien is; Michael Neve en Joss Parsons van het park Denmans Garden, Fontwell, voor hun toestemming enkele van hun fraaie kippen te fotograferen en voor hun hulp daarbij; Forshams Cottage Arks, voor het uitlenen van het hok op blz. 28.

Alle foto's in dit boekje werden, met uitzondering van de hieronder genoemde, genomen door Neil Sutherland en zijn eigendom van Interpet Publishing Ltd.

Jane Burton, Warren Photographic:
2, 3, 58, 59 midden.

Fishers Woodcraft:
26 rechtsonder (beide).

Forshams Cottage Arks:
27 boven, 27, middenrechts, 28 onder, 29 midden en onder, 32 boven, 36 onder, 59 boven.